PANEGYRIC DV VOYAGE ET RETOVR DE MONSIEVR DE NEVERS DE LA GVERRE contre les Turcs.

Par M. G. Iouly Aduocat en la Cour de Parlement, & Lieutenant General de la Connestablie & Mareschaussee de France, à la table de marbre du Palais à Paris.

A PARIS,

Chez Pierre Cheuallier, au mont sainct Hylaire à la cour d'Albret.

1603.

AV SERENISSIME
DVC DE MANTOVE.

SERENISSIME PRINCE,

Ayant dreßé ce discours pour la decoration du voyage de Monseigneur de Neuers, j'ay pensé que je vous en deuoy faire part, considerant que la gloire qui l'enuironne rebrille sur vous, comme la vostre sur luy, estans procedées toutes deux de mesme lumiere, & des plus resplendissans Princes de l'Europe, en tous actes de magnanimité. Aussi que chacun sçait qu'outre vostre proche consanguinité, il y a tant de sympathie entre vous, qu'il est impossible que le contentement de l'vn ne soit solidairement commun à l'autre, comme si vous ne viuiez que d'vne mesme ame en deux corps. Tellement que ie vous enuoye cest œuure, non seulement comme sien, ains comme vostre, pour vous donner des arres d'vne ardeur qui me point

de vous estoffer quelque chose de plus grand à
tous deux, en l'illustration de vos heroiques mai-
sons, que ie me propose à loisir comme vn ouura-
ge de plus grande haleine, & de tres-haut relief,
si i'apperçoy que l'auance de ce premier labeur
soit agreable

PANEGYRIC

DV VOYAGE ET RETOVR
de Monsieur de Neuers de la Guerre
contre les Turcs.

NVL de ceux qui tant peu soit ont gousté les histoires n'ignore que la plus haute entreprise qui fut onques en la Chrestienté, ne soit celle que feirent iadis nos ance-stres s'acheminans à la conqueste de l'Asie, pour y planter les estendars de la croix, & faire regner par toute la terre le Roy des Roys. Car il ne s'en veid, & ne s'en verra iamais qu'à grande peine vne telle, estant plus que tres-difficile de les imiter, voire d'imaginer seule-mẽt & cõme ils oserent, & comme ils peurẽt trauerser tant d'effroyables nations, & s'aller camper dans le cœur de ceste premiere partie de l'vniuers. En laquelle ils ont plus acquis de victoires, plus pris de places imprenables, plus fubiugué de villes, Principautez, & Roymes, en trois annees, que n'auoit fait en trente autre fois ce fuperbe peuple Romain, y guerroyant continuellement à toute force de legions, & puiffantes armees. Bien qu'il n'euft pour lors à faire qu'à des peuples engendrez & plongés és Afiatiques voluptés, & les noftres au contraire à des conquerans venus de la belliqueufe Scythie, accouftumés en leur viure à fe contenter de pain & d'eau, duits en leur dormir à repofer fur la dure, & ftylez à porter legerement le frein de la difcipline militaire. Au refte enhardis à tous perils, endurcis à tous maux, & furtout enorgueilis de leurs nouuelles conqueftes, & de la prefomption qu'ils auoient de ne trouuer iamais plus de refiftance. Mais fi trouuerent ils encore plus fort qu'eux, alors que nos guerriers nez & nourris à l'air Martial de France, & piquez d'vn enthoufiafme de Diuine vaillance, fe defbanderent pour les aller rechercher iufques dedans leurs forts, efquels ils les attaquerẽt alegrement, & vainquirent brauement en plufieurs batailles rangees, pres de Nicee, d'Antioche, & par tout ailleurs. En quoy, cõme en toute autre chofe, ils feirent bien fentir que la terre ne porte point d'efpees fi tranchantes, ny d'efprits fi determinez que ceux des Françoys, principalement quand ils sont bien vnis. Comme ils furent sans doubte à ceste glorieuse expeditiõ, en laquelle la famine, ni la mortalité, ni le souuenir de la douceur du pays ne les peurent reboucher, moins les empescher de dompter non seulement les hommes, mais les accidens qui sembloient estre de condition indomptable, s'estans resolus de perir plustost tous iusques au dernier, que de reculer vn pas arriere de ce braue acheminement.

De sorte qu'il ni a personne qui n'admire, & ne benisse leur trãscẽdente proüesse, & qui ne confesse que de long temps on n'auoit point veu la pareille, iusques à ce que nostre âge nous à finalement esclos & suscité de leur engence deux magnanimes Princes, ainsi que deux Phenix, quasi d'vne volee, l'vn de la maison de Lorraine, & l'autre de celle de Neuers. Dont le premier toute-fois n'a fait que passer pardeuant nous, cõme vn esclair, qui s'ẽ est allé fõdre au ciel auec ces belles amesguerrieres, pour y viure eternellement auec elles, ne nous laissant icy bas q̃ les desirs, les regrets, & l'admiration de ses beaux cõmencemens. Mais il n'est pas si tost disparu, que l'autre ne se soit venu presenter sur les rangs en ce

A iij

chãp d'honneur, auec tãt de generofité, qu'il nous à dóné cleremét à cognoiftre à fes premiers effays, que nous ne perdriós rié au chãge. Car il eft paru tel qu'vn jeune Mars, qui s'é va chercher les hazars par le monde, nous monftrant en fa fleur quels fruits il doit porter en fa maturité, pour l'auancemét & foulagemét de la Frãce, & de toute la Chreftiété.

O mon Prince Nyuernois, mon duc Retheloys, qui me donnera le pouuoir pareil au vouloir que jay de celebrer & guerdóner voftre Diuine vertu? Quelles palmes affez trióphantes fcauray-je cueillir au verger des Mufes, pour couronner voftre immortelle valeur? Mais quel contentement aura tout le peuple Frãçois, de voir refleurir en ce Prince, apres tant de reuolutions, l'heroique femence de ces preux guerriers, & le grand courage des Ducs de Bourgongne fes progeniteurs? Quel rauiffement d'entendre, comme il a quitté la douceur de la France en fon repos, & tant de delices, tant de blandices d'vne fortune pompeufe & fuperbe, pour s'aller enfoncer au plus efpaix des alarmes & conflicts d'étre les peuples Baptifez & Circócis? Certainement il eft à doubter qu'il ne fe trouue point de plume affez magnifiquement taillee en France, pour releuer cefte nouuelle, & representer ce nôpareil voyage, tãt s'en faut que la mienne, qui n'eſt que la moindre, y puiſſe atteindre. Toute-fois, s'il eſt ainſi que Dieu meſme ſe contente de la ſeule affeſtion, & du ſimple effort de ſeruir à ſa gloire, je ne doy point craindre que ma peine ne ſoit bien emplòyee, ſi je m'efforce de mettre les merites de ce Prince en leur luſtre ſur le theatre de la France, afin qu'ils puiſſent ſeruir de mirouer aux autres, en commenceant par le fondemét de ſon deſſein.

Auquel quand ie viens à conſiderer qu'il à commencé de baſtir ce grand proiect és plus forts bouillons de ſa jeuneſſe, n'eſtãt encore que ſur ſa vintieſme annee, il me ſemble que ie voy reuenir, & renouueler l'adoleſcéce de ce fameux Hercul, duquel le Philoſophe Prodic contemporin de Democrit, fait ce cópte: que lors qu'il entroit au meſme âge, il ſe trouua d'auanture ſur vn chemin qui ſe fourchoit en deux, au bout duquel l'attendoient deux Deeſſes, chacune le voulant attirer à ſon miniſtere. Dont l'vne eſtoit la Volupté, laquelle luy promettoit pour guerdon tout paſſetéps, plaiſir, & cótentement, toute ſorte d'atraits, amours, delicateſſes, molleſſes, oyſiuetez, toute affluence de fruicts & fleurs, ſaueurs, parfuns, eſbats, feſtes, & jeux, & toute

autre efpece de fenfualitez, dedans lefquelles
elle le tiédroit enueloppé, fans rien faire tout
le temps de fa vie. L'autre eftoit la Vertu, qui
ne luy prefentoit que des peines & trauaux,
des fuëurs & frimas, des hazars, orages, incon-
ueniens, efclandres à foifon, & multiplicité
de combats, de coups, de playes, & de fouffrã-
ces, tant de l'efprit que du corps, mais en re-
compenfe d'iceux vne couronne d'honneur,
vne apotheofe, c'eft à dire vne glorificatiõ e-
ternelle, tant plus pretieufe que les actiõs au-
roient efté laborieufes. Sur quoy, toutes rai-
fons bien balancees, & bien fachant qu'apres
les voluptueufes diffolutions viennent les
douleurs, repentences, & remors, il conclud
en fin qu'il eftoit plus aduantageux d'adherer
à la Vertu, pour auoir vne heureufe iffue, plu-
ftôft qu'vne douce entree: la Nature & l'experience nous enfeignant, qu'en toutes chofes
on n'a point tant de fouuenance du commé-
cemét, que de fentimét de l'extremité. Cefte
option donc ainfi faite, il fe meit à tournoyer
beaucoup de pays, pour les repurger de mon-
ftres de toutes parts, auec tel fuccés, que toute
l'antiquité ne s'eft peu rafafier de chanter à
pleine bouche les eloges de fes labeurs. Ainfi
puif-je bien dire, puis que l'imitation de cefte
loüange eft propofee à tous les Grans, que

noftre

noſtre Prince ne peut eſtre aſſez magnifié de
ce temps, comme de choſe treſ-rare, d'auoir
pris la meſme reſolution, ayant tant à com-
mandement toute l'eſlite des allechemens de
la Volupté, qu'il à rebuttee ſi bruſquement,
& ſi conformement à ceſt antique patron.
Car il n'a pas ſeulement choiſi la meſme De-
eſſe, en meſme jeuneſſe, de meſme façon, à
meſme intention que luy, mais ſuiui les meſ-
mes erres de voyages & combats eſtranges,
pour la ſeruir plus dignement. De ſorte
que ſa magnanimité ne doibt guere à la ſienne, ſi quelqu'vn ne veut dire quelle eſt plus à
priſer en vn point, en ce que n'ayant pas tant
de force de corps il n'a pas eu moins de courage en ſon entrepriſe. Quoy que c'en ſoit, il y
a de l'apparēce qu'il la faite auec plus de liber-
té, dautant que ceſt antique Hercul fut con-
traint par Euriſthee en ce bas âge, à ce qu'en
narre ſon hiſtoire, d'abandonner ſon pays, &
ceſtuy-cy s'en eſt departy volontairement.
Ceſtuy-là n'auoit point de retraicte en ſa terre: ceſtuy-cy commandoit à pluſieurs prouinces en la ſienne. Ceſtuy-là s'en alloit fuyant le
mal, & pourchaſſant vne plus propice aduan-
ture, ou plus magnifique fortune: ceſtuy-cy
ſe reculant du bien, & s'eſlongnant de ſes ſei-
gneuries & principautez, pour dompter les

monſtres de pareſſe, couhardiſe, & laſcheté, s'affiner en la trempe des meſaiſes, aſpretez, & rigueurs, & limer ſa tolerance en des perils & pays incogneus.

Eſtant donc ainſi diſpoſé de cœur & d'ardeur, & voué du tout aux fonctions de la Vertu, apres auoir pris congé de ſa Majeſté, qu'il laiſſe en profonde paix, il s'achemine premierement à la ville d'Oſtẽde, fort eſtroittemẽt aſſiegee, mais deffendue ſi brauement, qu'ẽcore que ce ne ſoit qu'vne bicoque, les plus grandes forces d'vne bonne partie de l'Europe s'y ſont amaſſees de part & d'autre, auec tant de conſtance, ou d'opiniaſtreté, quelle pourra deſormais eſtre comptee entre les ſieges miraculeux. Ayant recognu ce ſiege, il viſite à Nieuport l'Archi-duc & l'Archi-ducheſſe, remarquant en eux tout ce qui s'y pouuoit comprendre par la parole, viſage, contenance, & preſence, qu'il auoit libre à tout'heure, eſtant recueilli d'eux ſelon ſa grandeur. De là va voir toutes leurs belles & fortes villes, les ſinguliaritez deſquelles luy ſont ſongneuſement repreſentees. Ce fait, trauerſe en Angleterre, s'abbouche à la Royne, ou pluſtoſt la perle des Roynes, en ſa ville de Londres, laquelle taſche de vaincre ſa courtoiſie accouſtumee, pour le re-

ceuoir plus magnifiquement, toute eſtonnee
de la nouueauté & magnanimité de ceſte ra-
re reſolutiõ. Rebrouſſe puis apres en Zelande,
paſſe en Holande, contemple auſſi leur fortes
villes, & leurs riches ports, entretient les prin-
cipaux Seigneurs des Eſtats, & ſur tous les
Princes, & chefs de guerre, auſquels il rend, &
deſquels il reçoit beaucoup de reſpect & d'hõneur. Remarque leurs façõs d'armer & guerroyer, comme il auoit fait celles du party contraire, pour s'en ſeruir en temps & lieu, ſans
s'oublier de voir cependant les villes de Ley-
dem, Harlem, Amſterdam. Viſite en outre la
Northolãde, & les villes de Groeningue, Breſ-
mes, Hambourg, & Lubecq. Ayant ainſi re-
peu ce premier appêtit, il ſe ſent auſſi toſt eſ-
guillonné d'vn autre, qui luy fait prendre
la volte de Dannemarc, le tranſporte en la
ville capitale pour y ioindre le Roy, lequel
abbreuué de ſa renommee, & de ſon arri-
uee, deſploye tous ſes efforts à le feſtoyer &
careſſer, puis à ſa departie luy fait proteſtatiõ
d'amitié, le pouruoit de vaiſſeaux, & le fait
eſcorter honnorablement. D'où coſtoyant la
Suede il entre en la Pomeranie, de là ſe tranſporte à Brãdebourg, & dans le pays de Saxe, ſe
faiſant voir, receuoir, admirer des Electeurs.
Apres il attaint la ville de Prague, ſiege ordi-

naire de l'Empereur, en laquelle'il eſt recueilly
des Seigneurs de ſa Cour, & des ambaſſadeurs
eſtrangers, tant du Pape & Roy d'Eſpagne,
que de Veniſe, & des Princes d'Italie : puis va
ſalüer ſa Majeſté, duquel ils n'obtient pas ſeulement audience, mais pluſieurs abbouche-
mens pleins d'indulgéce, & de priuauté. Tout
ce la pouuoit abondammét remplir vn autre
eſprit que le ſien, qui ſemble auoir quelque
choſe de plus capable, & plus ample que les
autres, eſtant de plus en plus inſatiable, & plus
affamé d'apprendre comme on vit, quelles fa-
çons de faire on ha, comme on ſe maintient,
comme on conduit la paix, & comme on ma-
nie la guerre en tout païs. Pourſuyuant donc,
il pouſſe outre en Poulógne auec plus de fer-
ueur que deuãt, ſe rememorant qu'elle obeiſ-
ſoit n'agueres àu ſceptre François, penetre à
Cracouie, & là s'accoſte des Palatins de ce
grand Royaume, qui le preſentent au Roy.
Lequel feru de la ſplendeur de la France, & la
penſant reuoir de retour en Poulongne, s'efforce de luy faire reciproquement paroiſtre
ſa magnificence, le feſtoyant ſuperbement, &
l'honnorant de ſes preſens. Qui plus eſt il le
charge de lettres de congratulation addreſ-
ſantes à ſa Majeſté, comme auoient auſſi fait la
pluſpart des autres Roys & Princes, teſmoi-

gnans l'extreme contentement qu'ils auoiét
eu d'auoir compris l'Eſtat de la France, & les
victoires de ſa Majeſté,d'vne ſi fidele, & ſi diſ-
ſerte bouche,quelle leur auoit depeint le tout
au vif,& mis dedans les yeux, auſſi naïuement
que s'ils euſſent eu l'heur de s'y trouuer pré-
ſens.

De ſorte qu'vne vintaine d'Ambaſſadeurs
n'euſſent pas tant auancé que luy,ny tāt ſceu
d'affaires,ny tant rapporté de bien-veillance,
de reuerēce,& d'hōneur de ces grāds Princes
à ſa Majeſté. Comme s'il euſt eſté l'Ange, &
l'annonciateur de ſa gloire par toute la terre,
ou ſon hiſtoire eſmerueillable, non moulee
en characteres müets,mais viuante,cheminā-
te,& parlante de choſes veuës,dont vne parole porte trop plus de creance que dix d'ouyes.
Et certes tant plus il voyoit de regions, & de
Potentats,tant plus de complexions d'hommes,& de climats, tant plus debuoit il acque-
rir auſſi de iugemēt,d'admiration, & d'aucto-
rité.Comme ne voyageant pas tant de la pi-
ſte des pieds, que des aiſles de la reputation,
qui le ſuyuoit, ou pluſtoſt, le deuançoit par
tout,ainſi qu'vn bon vēt,s'accroiſſant de jour
en jour,& de ville en ville , & le rendant touſiours plus grād,& plus admirable à ceux qu'il
viſitoit les derniers.Ce qui luy ſuccedoit tāt

B iij

plus facilement, que ces peuples Septentrio-
naux symbolisent d'auantage à la candeur
de nos meurs, &de nos belliqueusfes humeurs,
que les autres nations, à raison dequoy les A-
lemans ont esté iadis nommez Germains, cõme freres des Gauloys. Ceux aussi qui vont
voyager au Leuant, ne semblent faire que des
voyages de velours, & n'affecter que des in-
uentions de delices, & nouueaux emmielle-
mens, dont ils ne rapportent la pluspart qu'v-
ne odeur de parfuns, de courtisanes, &de feintes acolades, & ceux qui font le mieux quelque legere habileté d'escrimer, & piquer cheuaux. Au lieu que cestuy-cy qui se fait parmy
ces robustes nations, nées entre le fer & les
armes, ne respire que les alarmes & combats,
& ne regarde que les triomphes & couronne-
mens des guerriers trauaux.

Pour reprendre mon fil, nostre Prince ayãt
tousiours le cœur aux armes, & presumãt que
la saison en laquelle l'armee Chrestienne se
debuoit r'assembler estoit proche, prend congé de la Poulongne, pour se rendre à la bonne
heure en la ville de Viẽne, en laquelle il trouue l'Archi-duc Mathias frere de l'Empereur,
& grand nombre de Seigneurs & Capitaines
faisans leurs preparatifs. Desquels estãt receu
premierement ocmme Prince de grande at-

tente, & puis pour collegue & confrere d'armes, & de vœux, & protecteur de ceste pieuse
cause, il s'insinuë tellement en leur amour, &
familiarité, que rien ne se fait plus sans luy. De
là s'estre equippé de tantes, armes, cheuaux, &
toute autre chose necessaire à tenir la campa-
gne, il va ioindre l'armee Chrestiéne, campee
és enuirons de Iauarin, en laquelle commandoit pour lors le Seigneur de Rousseuorme,
auparauant Mareschal general de camp, qui
luy donne logis à sa dextre, luy cómuniquant
tous ses desseings, & l'aduertissant de tous les
aduis d'importance qu'on luy rapporte. Si
bien que s'estant parfaictement instruict de
l'Estat des ennemis, & des siens, & de la situa-
tion du païs, s'accostant outre cela des Colo-
nels & Capitaines de toutes nations, deuisant
mesme auec les braues soldats, admirateurs de
son affabilité, il se rendit Maistre en ceste
guerre, en moins de téps que ne feit iadis Luculle chef d'armee Romain en celle de Mi-
thridates. Duquel Luculle on dit qu'estant
sorty de Rome apprentif, il arriua fait Empereur en Asie en peu de iours, à force de lire,
d'oüyr, de voir, de comprendre auidement, &
retenir fermement toute sorte de bonnes in-
structions. De mesme nostre Prince parut il
incontinent des plus entendus au fait de ceste

guerre, rempliſſant de bon eſpoir vn chacun, & leur donnant à penſer qu'il ne couuoit rien que de grand, ne cherchant qu'à iouër à bon eſcient des couſteaux.

En fin tous fauoriſans vnanimemēt ſon deſir, & ſouhaitans quelque ouuerture digne de ſa grandeur & valeur, il apprend que les ennemis auoient ietté deuāt leur armee, loin d'vne lieuë, vn gros corps de garde de deux mille hō mes, lequel il ſe reſoult d'enleuer, apres en auoir declaré les moyens au General qui les trouua treſbons. A ceſt effect eſtant aſſiſté de quelques chefs, & de quelques genſ- d'armes, iuſques au nombre de trois ou quatre cēs ſeulement, il ſe trāſporte armé de toutes pieces à douze grandes lieuës, & fait ſi bien, que preſentāt vne partie de ſa troupe, embuſchāt l'autre, il tire l'aduerſaire pres d'vn boys, duquel fondant ſur luy comme vn foudre inopiné, il l'eſtonne, le charge, le terraſſe, & paſſe la plus grande partie au tranchant de l'eſpee, mettant le reſte en route & deſarroy. Ceſt acte ioüé, & L'arlarme donnee au camp, ſe voyāt pourſuiui de cinq ou ſix mille cheuaux, il ſe met ſur la retraite, mais en ſi bonne cōtenāce, qu'il les fait eux-meſmes branſler, de crainte qu'il ny euſt encore vn autre embuſcade dās le boys. Retiré vers les ſiens rauis d'aiſe, &

se,& ne sçachans laquelle plus haut loüer de son addresse & dexterité,ou de son asseurance & prouësse,& luy-mesme affriandé de ceste curée, il se sent brusler d'vne continuelle eschaufaison d'y retourner souuent.

Ce pendant aduient que l'armee ennemie est contrainte de rebrousser en Trãssyluanie, ce qui donne occasion au chef de la nostre, bien qu'elle ne fust composee que d'enuiron vingt mille hõmes de pied , & cinq mille cheuaux,de tourner la teste vers Bude,ville capitale du Royaume debatu si long temps, ayant eu bon aduis du mauuais ordre de dedans. Si bien qu'ayant fait assaillir chaudement la basse ville,tant par eau que par terre , il l'emporte d'assault,& continuant sa pointe pendant que l'estonnement estoit recent,préd de mesme furie la ville de Pest,situee viz à viz de l'autre costé du Danube.Mais vn grand mal suyuit de ce qu'il ne fut pas si bien aduerti du prompt retour de ceste grande armee, qui reuint inopinément , deuãt que les auenuës de la batterie,qu'on alloit affuster contre la ville haute,fussent suffisamment recogneuës. De maniere que tout ce qu'il peut faire à l'heure, ce fut de fortifier la pointe du põt qui regardoit vers les ennemis,& de retourner à Pest, pour la garnir de gens resoluz,d'autant qu'elle

C

ſ'en alloit perdre autrement. A toutes leſquel-
les expeditions ayant eſté diligemment ſecõ-
dé par noſtre Prince, il luy vint vn autre en-
cõbre à ſon retour bien plus dangereux, pource que leur gros auoit à viue force occupé l'é-
tre-deux des chemins, & chaſſé trois mille che
uaux noſtres, laiſſez expres pour le penſer ar-
reſter, ou retarder en eſcarmouchant. La re-
traitte deſquels fut cauſe que le General, qui
l'ignoroit, ſe trouua quaſi pris dans les filets de
ſes ennemis, pẽſant venir aux ſiẽs, au lieu qu'il
les auoit luy-meſme placez.

Ce qui fut cauſe d'eſmouuoir entre les noſtres vn grand trouble, lequel euſt eſté ſuyui
d'vn plus grand eſchec, & peut eſtre d'vne en-
tiere deroute, ſi noſtre Prince, qui ne ſçait que
c'eſt de peur, n'euſt redoublé ſon courage au
beſoin, & renforcé celuy de cinquante ſala-
des qui le ſuyuoient: leur remõſtrant que l'v-
nic moyen de ſe ſauuer, c'eſtoit de ſe perdre
dans ceſte preſſe, dans laquelle donnant auſſi
toſt le premier, il la perce ainſi qu'vne ſagette
enuoyée du ciel, briſant tout ce qui ſe trou-
uoit à la rẽcontre, & faiſant beau large au General qui venoit apres. Duquel eſtant encore
plus admiré, plus cheri, plus reſpecté que deuant, & plus regardé de tous les yeux de l'armee, tant s'en fault qu'il ſe flatte, ou s'enor-

gueilliſſe, ou s'endorme ſur ceſte molle tenta-
tion, pour y prendre quelque plaiſir ou repos,
qu'il s'en roidit dauãtage, ne ſongeant plus à
rien qu'à s'euertuer deſormais de bien en
mieux, & ſurmonter ſes premiers exploits par
les derniers. Si que ceſte emulation de ſes pro-
pres trophees, ne le laiſſoit plus dormir, ny re-
paiſtre à l'ayſe, ains le tenoit toutes les nuicts
en ceruelle, to⁹ les iours la cuiraſſe au dos, & le
fer au poing à toute heure, de peur de perdre
occaſion quelconque de ſe trouuer aux meſ-
lees, ores deuers l'vne ou l'autre des deux villes priſes, ores és ſaillies qui ſe faiſoient à la cã-
pagne. Ce que ie ne veux point icy tirer en
ligne de compte, encore que ce ſoyent autant
d'indices d'vne hardieſſe incroyable, pource
que ſi ie voulois recueillir toutes ces particu-
laritez, auec celles des diuerſes ſtatiõs du voyage, il me croiſtroit trop pl⁹ qu'aſſez de matie-
re pour en eſtoffer vn volume tout entier, qui
pourroit ennuyer les lecteurs de ſa prolixité.

 Mais ie ne puis obmettre ce qu'on n'a point
ouy, ny mis és loüanges de noſtre âge, & qui
ne ſe trouue que rarement és monumens de
l'antiquité. Car le General courageux au poſ-
ſible, ſentant que le temps de guerroyer s'eſ-
couloit legerement, & qu'il eſtoit neceſſaire
d'employer à quelque grãd effort ſon armée,

C ij

ains que la rompre, plante toute sa batterie
contre la ville haute, & donne le mot de l'assaut : bié que la bresche ne peust estre raison-
nable, demeurant espaulee non seulemét des
murailles des deux costez, ains de profonds
retranchemens. Sur quoy nostre Prince, ayāt
encore le courage plus grand, & iugeant qu'il
ne failloit pas esperer d'entrer leans, sans vne
audace extraordinaire, s'appreste luy-mesme
de donner dedans. Bien est vray qu'il en fut
diuerti, premierement par remonstrances,
puis apres par prieres & supplications de s'es-
pargner & considerer sa qualité. Comme ie
ne doubte point que plusieurs encore auiour-
d'huy ne disent que ce n'est pas le faict d'vn
Prince d'aller à l'assaut. Peult estre aussi qu'il
s'en fust abstenu, si la charge eust esté seruie
ainsi qu'il estoit requis. Mais qu'eust-il fait
apperceuant les Capitaines & soldats les vns
recreuz, les autres tremblans, & les autres
fuyans tout à fait, son cœur ne pouuant sup-
porter cest honteux mechef, ains petillant, se
debattant dans sa poitrine, & boüillant d'ardeur de les aller secourir, & tascher à leur re-
mettre l'ame au ventre par son exemple? Il
oublia de vray pour ceste heure sa Principau-
té, mais ce fut vne honnorable & braue
oubliance, vne sage temerité, vne sur-a-

bondance de magnanimité , fondee fur le
modele du grand maiftre des armes, d'Henry
le Grand, le grand Roy des proüeffes & mer-
ueilles de noftre temps , & l'Alexandre de la
France, qu'il auoit veu fouuent s'oublier pa-
reillement en la chaleur des conflicts, de fa
grandeur, & de foymefme, & de toute fa Roy-
auté. L'Alexãdre de la Grece l'auoit auffi fait
autrefois, & notamment en la prife de la ville
des Oxydraques, en laquelle il monta le premier à l'efcalade , defpité de ce que fes foldats
retiroient, fe jettãt de prim-faut pefle-mefle
parmi les affiegez , & cõbatãt feul cõtre tous
lõguemẽt, iufques àce que tout efpuifé de fon
fang àcoups de fleches, nul ne l'ofant attaquer
de pres, il cheut efuanoüy , au mefme inftant
que les fiẽs entrerẽt à fon fecours. Que fi nous
loüons vn Codrus Prince d'Athenes, vn De-
cius de Rome, pour s'eftre voüez à la mort , &
precipitez dans le gros de leurs ennemis, pour
ramener au choc leurs armees demi-mortes
& vaincuës, combien au prix debuons-nous
admirer ce Prince, s'eftant confacré du tout à
cefte Saincte guerre, luy voyans mettre pied
terre , pour r'appeller les fiens, & fuyui d'vne
petite poignee de bons cõbatans, à la veuë des
deux armees, à la face du Soleil, marcher la te-
fte efleuee, & le port affeuré, par deffus les oc-

ciz,à trauers les bleſſez, & contre les arcbuſa-
des & canons greſlans & tonnans de toutes
parts à ſes coſtez ? Ie ne voy pas comme l'on
puiſſe dire que ce luy ſoit moins d'hardieſſe,
ny moins d'honneur qu'à ce Grand Alexandre, d'auoir eſté bleſſé de meſme, bien que ce
ne ſoit d'vne fleche, ains d'vne bale, luy tranſ-
perçant le deuant de l'eſpaule iuſques à demy
doig pres du doz. N'ayant point deſiſté pour
ceſte bleſſeure, non plus que luy, de perſeue-
rer tout ſanglant, auſſi preſt de mourir brauement que d'aſſaillir hardiment, iuſques à ce
que tout eſbloüy de ſang, & ſaiſi de defaillan-
ce, on le trãſporta dãs ſon logis. En telle ſorte
toutefois qu'il emporta quãd & ſoy l'hõneur
de la meſlee, au dire des ennemis, auſſi biẽ que
des ſiens, l'aſſaut finiſſant toſt apres, comme ſi
les Chreſtiens ne pouuoient eſtre repouſſez
tant qu'il demeureroit ſur pieds. Quoy que
c'en ſoit, on tient que le coup debuoit eſtre
mortel, & faut croire que le bon Ange de
la France vueilla lors pour elle, changeant le
coup de la mort en vn coup de gloire immortelle, & faiſant paſſer le plomb miraculeuſe-
ment entre les parties nobles, ſans les offenſer
aucunement. La guerre pardonne volontiers
aux coüards, mais elle ſe plaiſt d'arrer & ſéller
de ſes marques les plus belliqueux, pour les a-

charner dauātage a ſes eſtours. Comme le fier
Lion r'enflamme au double ſa cholere quand
il ſe ſent frappé, s'eſpoinçonnant de ſa queuë,
ainſi que de l'eſguillon de ſa force, de meſme
ce Prince reuenant à conualeſcēce ſe ſentoit
il eſguiſer & poindre de ſa generoſité, s'animāt
à d'autres efforts, & taillāt d'autres beſongnes
à ces meſcreās obſtinez. Et ne faut point dou-
ter que ceſte ardente affection ne luy dure à
touſiours, encore que l'execution en demeu-
re ſuſpenduë & differee pour vn temps, la ri-
gueur de l'hyuer ayāt fait licentier l'armee, &
retirer le cānō hors de Bude, abādonnee pour
n'auoir eſté qu'à demy priſe, & ne pouuoir e-
ſtre maintenuë cōtre les inuaſiōs continuel-
les de ceux de dehors & dedās. D'autre coſté,
ſa Majeſté l'ayant mandé par expres, il n a peu
dauantage retarder ſon retour, quelque beau
deſſein de reuange qu il euſt, eſtimant que ce
luy ſeroit tant plus de gloire d'obeïr prompte-
ment, en ce qu il deſiroit le moins.

Ces deportemens biē conſiderez, on pourroit dire que ce Prince debuoit naiſtre en vn
temps plus heureux, non en ce ſiecle de fer,
ſiecle enuieux, & par trop inegal à ſes merites
d or, ains en ceſte celebre ſaiſon en laquelle
les Roys & Potentats valeureux trouuoient
des Orphees, & des Homeres, pour trompet-

ter leurs loüãges, & les canoniſer entre les Heros & demi-Dieux. Eſtant aſſez euident qu'il leur euſt autant ou dauantage fourni de ſubjet de ſa part, que ces jeunes Princes Grecs qui ſ'aſſemblerent pour faire vne longue Nauigation, ce leur ſembloit, de la Grece iuſques au Royaume de Colchos, affin d'en rapporter la Toiſon dor. Car il a plus entrepris qu'eux, & plus hardiment, en cela meſme qu'il s'eſt contété de moins, & qu'il n'a point eu beſoin de ſi groſſe aſſemblee, pour faire vne plus eſlongnee, & plus dangereuſe peregrination que la leur, ains a luy meſme eſté, par maniere de dire, ſa flotte & ſa barque, ſa conduite & ſon eſcorte. Et ce qu'il faut priſer le plus, c'eſt qu'il n'eſt point allé chercher de butin, ny de richeſſe, comme eux, ains ſeulement de l'experience & de la ſageſſe pour enrichir ſon entédement, & de la proüeſſe inuſitee pour glorifier ſon renom. Car dé toiſons, ny de laines, ny de draps d'or materiel, ny de ioyaux, ny de threſors, onques Prince n'en fut moins conuoiteux, ne ſçachãt que c'eſt d'aymer & pourchaſſer autre or que celuy de l'honneur. Lequel il ſe peut auſſi vanter d'auoir autant auãtageuſement rencontré qu'aucun autre Prince du temps paſſé, ny du preſent, par ce treſrare accouplement d'vn ſi memorable voyage, &

ge, & des plus glorieux actes de guerre qui
puissent estre. Puis que desdaignant, ou plustost abominant le trop long apprentissage
qu'il auoit fait en tous les hazards communs,
& trop ordinaires de nos guerres ciuiles, il ne
s'est peu satisfaire en son esprit, s'il n'alloit faire ceste insigne espreuue de sa personne contre la plus puissante armee de la terre, & le pl⁹
cruel aduersaire du genre humain, voire de
toute l'humanité, & de la Diuinité mesme.
Tellemēt qu'on ne sçauroit imaginer vn plus
haut essay d'armes que celuy-là, qui n'est pas
seulement à fer emoulu, mais à corps perdu,
non seulement pour vne iuste querelle, ains
pour la iustice mesme, pour la religion, la pie-
té, la sauueté non seulement des corps, ains
des ames, non seulement pour les biens de
ce siecle, ains de l'eternité. Ce qui doibt
tant plus animer les Grands, qui n'aspirent
qu'à se clarifier par armes, à l'ensuyure, &
mesme conuier ceux & celles qui se repais-
sent de la vaine lecture des fai-d'armes, &
cheuauchees de ces imaginaires Cheualiers
que les Romans exaltent de tant de feintes &
d'hyperboles, de tourner icy plustost la veue,
pour considerer les brisees de ce nouuel, veri-
table, & réel Cheualier errāt. Car ainsi faisant,
il ne se trouuera point de si fol, ne si desraison-

nable estimateur qu'il ne iuge sa cheualerie
bien plus admirable, plus profitable, plus ex-
cellente, & plus attrayante que la leur. Non
tãt pour estre serieuse, & la leur fabuleuse, que
dautant que leurs fables mesmes ne se cõsom-
mẽt qu'en amourettes & lasciuetez: ou qu'en
exercices ludicres de joustes & tournois: ou finalement qu'en duels pleins de brauacherie
& fureur, selon que l'impetuosité de leurs pas-
sions priuees les fait vaguer incertainement,
sans fruict, & sans visee de l'vtilité publique,
hors laquelle il ni a point de magnanimité.
Mais icy c'est se mettre en queste d'vn peril
tout certain, esleu, preueu, digeré, desiré pour
le bien public, & s'affrontant contre vne armee auoir autant de courage qu'elle, s'enfer-
rer dedãs les plus sanglans ouurages de Mars,
& plus violens chef-d'œuures de la guerre.

Mais ne laisse-je point voler trop à l'essort
mon discours, au lieu de le rapporter, S I R E, &
le conclure en vostre Majesté? Car c'est à vous
que la meilleure partie de ceste exultation &
cõgratulatiõ appartiẽt, à vous à qui l'hõneur,
à vous à qui le profit de tous ces actes reuient.
Soit pour estre le Roy, le seigneur, l'arche-ty-
pe, & le formateur de la valeur de ce Prince:
soit pour la singuliere creãce que vous pourrez auoir en luy, comme en vostre nourriture:

foit pour la fuffifance & capacité d'executer
vos belliqueux cõmandemens. Pour la creance, vous auez fondé iufques au centre non feulement fa fidelité, mais la fimplicité de fon
cœur, doüé d'vne ame religieufe, refpectueufe,
pure & nette non feulement de tout foubçon
de rebellion, mais de toute cautele & diffimu-
lation, en laquelle, comme dãs vn parchemin
neuf, ou dans vn tableau bien liffé, vous pourrez grauer & cacheter feurement tout ce que
bõ vous femblera. Car il ny a riẽ d'efcript que
voftre obeïffance, & la belle leçon qu'il a fuc-
cee dés fon enfance du laict d'vne mere, & de
l'humeur d'vn pere tref-enflammez à voftre
amour, & tref-zelez à vos fleurs de liz. Pour lefquelles il a toufiours fait eftat de croiftre &
paroiftre, de viure & mourir, plᵘ que pour foymefme, comme auffi ne pourroit-il degenerer
du fang des Bourbons, duquel il a l'hõneur de
tirer fon origine, & de vous approcher de fort
prés. Quant à fa fuffifance & capacité, biẽ que
vous euffiez cy deuant remarqué diligemmẽt
les viues eftincelles de fon grand courage, fi le
voyez-vous à prefent reuenir, & comme reui-
ure, autre qu'il n'eftoit, par vne nouuelle ef-
preuue de cõbats lointains, de playes, & quafi
puis-ie dire de la mort: vous le voyez di-je, tout
refondu, rebatu, martelé de nouueaux tra-

uaux,defquels il vous rapporte des fymboles
d'honneur, & des cicatrices qu'il eft preft de
r'ouurir pour voftre feruice és premieres oc-
cafions qui s'en prefenteront. I'adioufteray
pour fon addreffe & fageffe, que vous pourrez
glorifier d'auoir en voftre Cour vn nouuel V-
lyffe, non caffé de longues annees, comme celuy d'Itaque, mais vieil neantmoins en fa ieu-
neffe, & meur en fa verdeur, ayãt efcumé toutes les varietez des mœurs, couftumes, com-
portemens, practiques, factiõs, vices & vertus
des plus aguerries Prouinces du monde. Lefquelles il a vifitees plus de l'œil de l'efprit que
de celuy du corps, les enregiftrant fidelement
en fa memoire, & peftriffant le tout enfemble
judicieufement, pour en mouler vne idee, &
fouueraine notice de Monarchie en fon entédement. De forte qu'à grand peine pourriez-
vous efperer, ni fouhaiter vne affiftãce & gui-
de plus propre que la fienne a l'exaltation fu-
ture de Mõfieur le DAVPHIN, auquel il fem-
ble que la deconfiture de ce cruel ennemi du
nom Chreftien foit referuee, fi nous ne fom-
mes trompez par les prefages qui l'affignent à
l'vn des arriere-fils de S. Louys. De faict on
void à l'œil qu'il marque plus de force que l'e-
ftenduë de fon berceau, que le cours de fes
moys, ni que l'ordinaire de la nature humai-

ne:ce qui fait que la Republique Chreſtienne
ancre deſ-ja ſur luy ſon attente. Car on croit
que le temps eſt proche, ou bien aduancé, auquel la bonté diuine ayant compaſſion de ſon
peuple, doibt eſclorre ce Lionceau triompha-
teur, lequel nous doibt vanger de ces mõſtres
inhumains, qui ne ceſſent de blaſphemer le
ciel, & rauager impunémĕt la terre. La terre,
helâs, de nos voiſins, ſe dreſſans par leur em-
braſement & ſaccagemĕt vn paſſage en la noſtre, s'ils ne ſont en bref rembarrez dãs les de-
ſerts de leur vagabonde Scythie, & forcez d'a-
bandonner l'heritage des François, jadis ſei-
gneurs de ceſt Empire. Diray-ie quel Empire?
Nõ, ma plume n'en eſt pas capable, & i'ay trop
de regret qu'il n'eſt entre vos mains. Comme
pourroy-ie donc vous exprimer, S i r e, l'antique pompe de la Monarchie Orientale, deri-
uee des Aſſyriens aux Medes, des Medes aux
Perſes, & des Perſes aux Grecs, ſoubs voſtre
Alexandre le Grand, qui la tranſplantee en ce
parterre eſmaillé de Conſtãtinople? Comme
vous pourroy-ie encore reciter la Majeſté de
l'autre Monarchie Occidĕtale, qui luy fut an-
nexee par Conſtantin le Grand, quand il y
vint fonder ſa nouuelle Rome, ſur les ſou-
baſſemens de la vieille dominatrice de l'vni-

uers? C'eſt là, peuples Chriſtianiſez, ſi vous e-
ſtes dignes de voſtre nom, & de voſtre prero-
gatiue, qu'il faut dóner, là qu'il faut preſenter
vos braues eſtomacs aux aſſaux, là qu'il faut
bien-heurer là ſus vos ames, & cy bas immor-
taliſer la gloire de vos fai-d'armes, poſans vos
querelles, & reprenans les routes de vos ance-
ſtres, pour vous finir par eux, comme par eux
i'ay commencé mon diſcours. Que puiſſions
nous voir de nos iours ceſt heureux tige de
France, ce fleuron Royal deſtiné pour termi-
ner ceſte grande cõqueſte, marcher en bataill-
le, ayãt à ſa teſte ce double Duc tout couuert
de lauriers.   Car qui le pourra mieux guider
que celuy qui de ſa propre dextre à ſi bien de
prémier abbord marqué les auenuës, les laiſ-
ſans teintes de ſang, & iõchees de tãt de corps
eſtendus ſur la place? Qui luy pourra mieux
eſplaner la voye que celuy qui s'eſt fait chemĩ
où il ny en auoit point, paſſant ſur le ventre
de tant d'ennemis, & faulſant vne ſi puiſſante
armee? Que n'executera-il eſtant engagé du
tout à ceſte guerre, puis qu'il y a donné de tel-
les atteintes en paſſant tant ſeulemẽt? Quoy
que ſoit, on ne ſçauroit doubter de ce
qu'il pourra ce pendant effectuer en France
entre les ſiens, pour le ſeruice de ſa Majeſté,

puis qu'il a ſi bien exploitté parmi les eſtrangers, qu'il a fait retentir les eſclats de ſa valeur
d'vn bout de l'Europe à l'autre, ſi profonde-
ment, qu'ils ne ſortiront iamais des oreilles,
& de la memoire des viuans, ny de la poſte-
rité.

F I N .

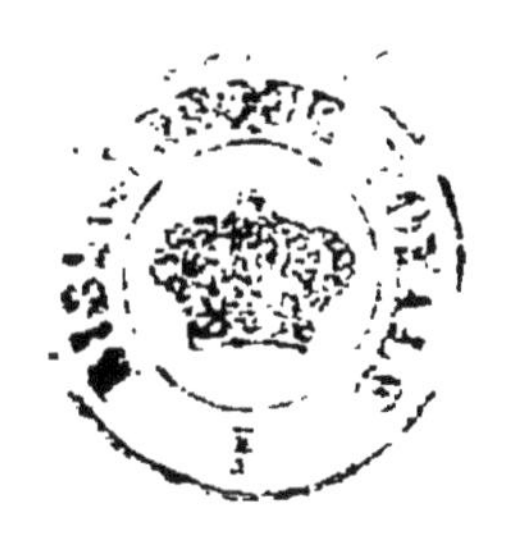